Inhaltsverzeichnis

W0317816

Der Körper

Mein Zuhause

Im Kinderzimmer

Die Kleidung

In der Küche

Hallo!
Ich heiße Linh.
Ich bin neun Jahre alt.
Ich komme aus Deutschland
und wohne in München.
Ich gehe in die dritte
Klasse.

Und du?

1 Male dich selbst:

Hallo!

Ich heiße ____________________.

Ich bin ____________________.

Ich komme aus ____________________

____________________.

Ich gehe ____________________

____________________.

Der Körper

Der Körper
Kopf
Haare
Schulter
Hals
Arm
Rücken
Brust
Bauch
Hand
Po
Finger
Knie
Bein
Fuß
Zeh
Das ist dein Körper.

1 Lies die Wörter.

der Körper
die Körper

die Schulter
die Schultern

der Rücken
die Rücken

das Haar
die Haare

die Brust

der Bauch

der Po

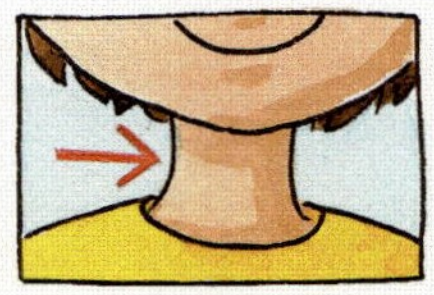

der Hals

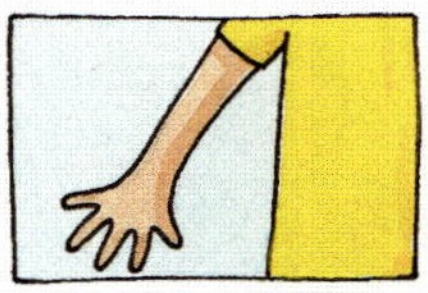

der Arm

die Hand

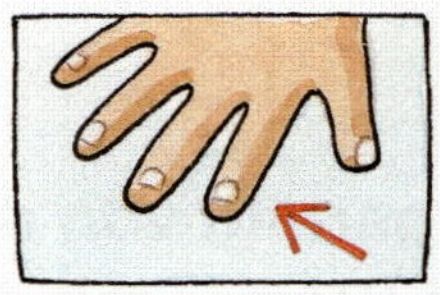

der Finger

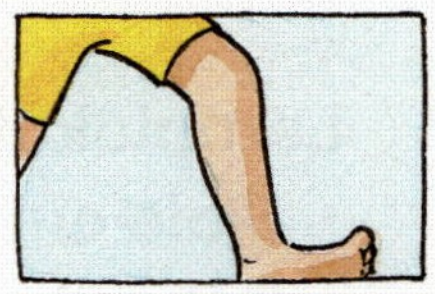

das Bein

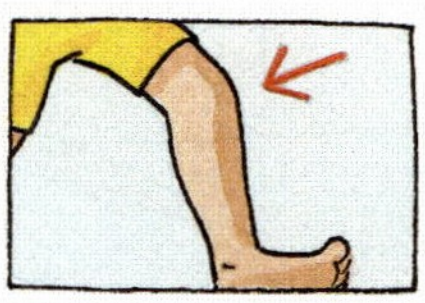

das Knie

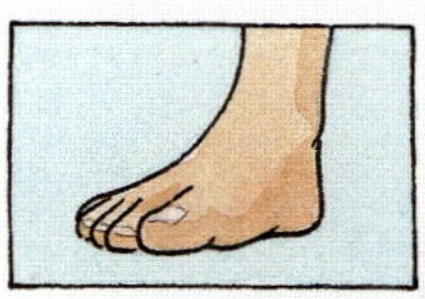

der Fuß

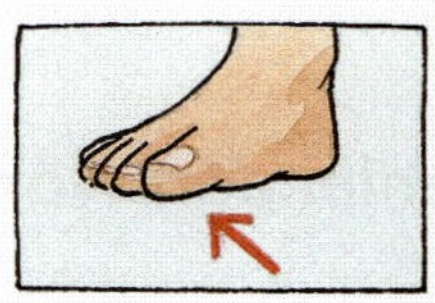

der Zeh

der Kopf

2 Trage in Aufgabe 1 die fehlende Mehrzahl ? mit Artikel ? ein.

Brüste, Beine, Hände, Zehen,
Füße, Arme, Pos, Hälse, Köpfe,
Finger, Knie, Bäuche

In der Mehrzahl
ist der Artikel
immer die.

3 **Geheimschrift. Welches Körperteil von Seite 5 passt?**

4 **Lernplakat:**

- **Male ein Körperbild von dir selbst.**
- **Schreibe alle Wörter mit Artikel ?.**
- **Schreibe auch die Mehrzahl ? dazu.**
- **Suche weitere Körper-Wörter.**

5 **Schreibe die fehlenden Wörter in die Lücken.**

Auf dem ________________ habe ich Haare.

An jeder Hand habe ich fünf ________________.

Ich stehe auf zwei ____________________.

An jedem ________________ habe ich fünf Zehen.

Mein Kopf sitzt auf meinem ____________________.

Zwischen Hals und Bauch ist die ________________.

Ich sitze auf meinem ________________.

Eine Frage endet mit einem Fragezeichen.

Ein Aussagesatz endet mit einem Punkt.

1 **Schreibe die Sätze.**

das Gesicht / die Gesichter

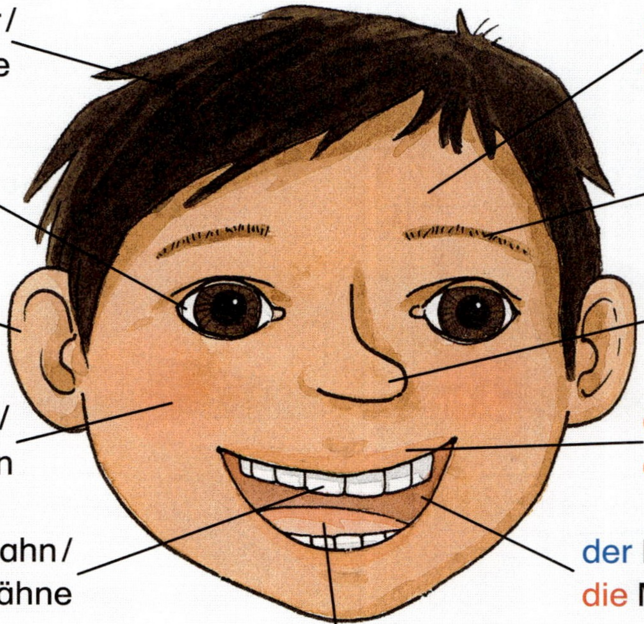

1 Schreibe Karteikarten mit den Wörtern.
Lerne die Wörter.

2 Male nach und sprich mit.

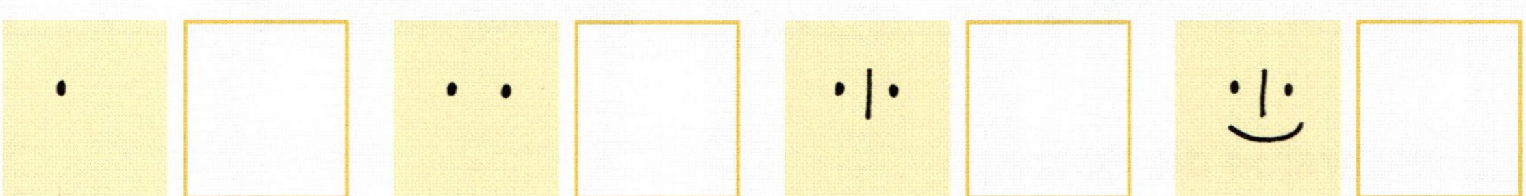

Punkt, Punkt, Komma, Strich,

fertig ist das Mondgesicht.

Und zwei kleine Ohren, so werden wir geboren.

Grundform: haben
Ich-Form: ich habe
Du-Form: du hast
Er-/Sie-Form: er hat/sie hat

1 Ergänze die Sätze in der Ich-, Du-, Er- und Sie-Form.

ich	du
Ich **habe** eine Nase.	Du **hast** eine Nase.
Ich **habe** zwei Ohren.	Du **hast** ____________ .
Ich ____________ einen Mund.	Du ____________ .
Ich ____________ viele Zähne.	Du ____________ .
Ich ____________ Augen.	Du ____________ .
Ich ____________ Lippen.	Du ____________ .

er	sie
Muhamed hat eine Nase. 	**Laura hat** eine Nase. 
Muhamed hat ____________ .	**Laura hat** ____________ .
Muhamed ____________ .	**Laura** ____________ .
Er ____________ .	**Sie** ____________ .
Er ____________ .	**Sie** ____________ .
Er ____________ .	**Sie** ____________ .

2 Ergänze in der Es-Form.

es
Das Kind **hat** eine Nase. 
Das Kind **hat** ____________ .
Es ____________ .
Es ____________ .
Es ____________ .
Es ____________ .

Nomen mit dem Artikel das kannst du durch das Pronomen es ersetzen.

Er- Form: er hat
Sie-Form: sie hat
Es-Form: es hat

Verben: Das kannst du mit deinem Körper tun

1 Lies die Wörter. Zeichne Silbenbögen unter die Wörter.

sehen

hören

riechen

schmecken

fühlen

nicken

schütteln

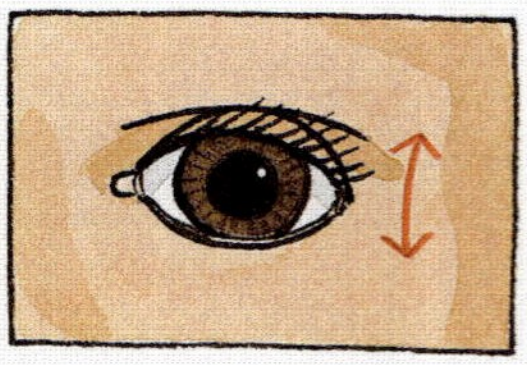
blinzeln

klatschen

winken

stampfen

schnipsen

2 Kreise bei den Wörtern in Aufgabe 1 die Endungen -en/-ern/-eln ein.

3 Wörterschlange: Zeichne nach jedem Wort einen Strich ein.

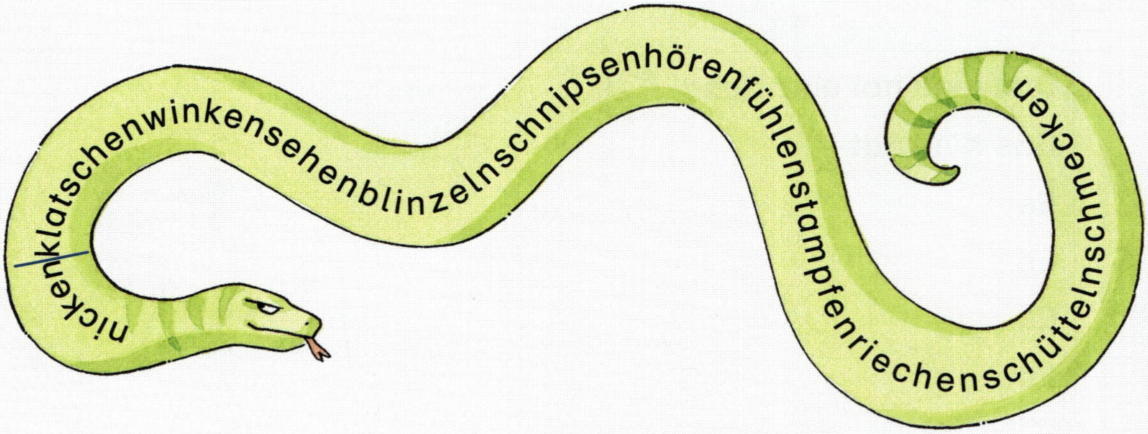

4 **Schreibe die Verben in der Ich-, Du-, Er-, Sie-, Es- und Wir-Form. Kreise die Endungen ein.**

fühlen	riechen	hören
ich fühle	______	______
du fühlst	______	______
er ______	______	______
sie ______	______	______
es ______	______	______
wir ______	______	______

winken	sehen
______	ich sehe
______	du siehst
______	er sieht
______	sie sieht
______	es sieht
______	wir sehen

Unregelmäßige Verben musst du dir merken.

5 **Sehen ist ein unregelmäßiges Verb. Markiere die Veränderungen.**

6 **Setze die passenden Verben in der richtigen Form ein.**

Ich ______________ mit dem Kopf, wenn ich **ja** meine.

Ich ______________ den Kopf, wenn ich **nein** meine.

Ben (er) ______________ ein Lied.

Du ______________ mit den Füßen zur Musik.

Das Kind (es) ______________ mit den Fingern.

1 Lies die Sätze. Kreuze an.

richtig falsch

a) Mit der Nase kann ich
- ☐ hören.
- ☐ riechen.
- ☐ sprechen.

b) Ich habe zwei
- ☐ Nasen.
- ☐ Haare.
- ☐ Ohren.

c) Ich habe viele
- ☐ Haare.
- ☐ Beine.
- ☐ Arme.

d) Mit den Händen kann ich
- ☐ sehen.
- ☐ stampfen.
- ☐ klatschen.

e) So viele Finger habe ich:
- ☐ sechs.
- ☐ zehn.
- ☐ drei.

f) Die Zehen sind
- ☐ an den Händen.
- ☐ am Kopf.
- ☐ an den Füßen.

g) Vier Kinder haben zusammen
- ☐ sechs Beine.
- ☐ sieben Beine.
- ☐ acht Beine.

h) Fünf Kinder haben zusammen
- ☐ vierzig Zehen.
- ☐ fünfzig Zehen.
- ☐ sechzig Zehen.

i) Meine Arme sind
- ☐ länger als meine Beine.
- ☐ kürzer als meine Beine.
- ☐ genauso lang wie meine Beine.

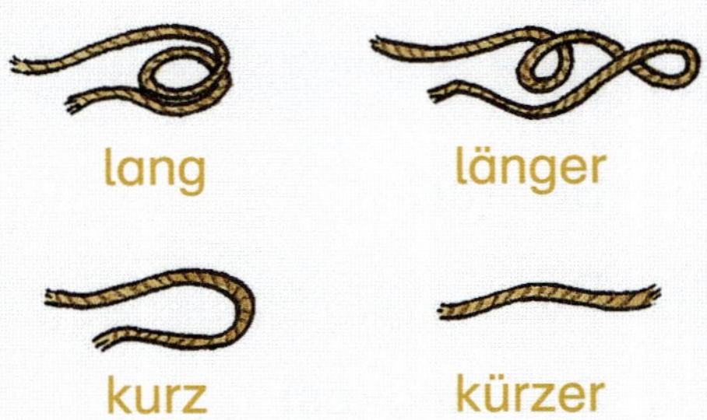

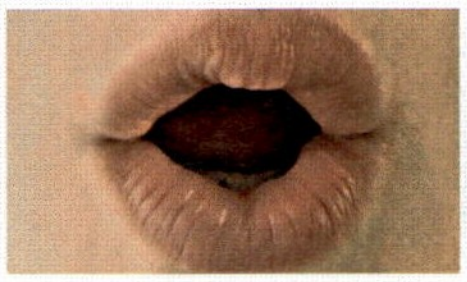
o
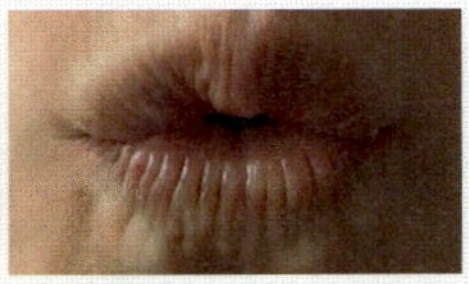
u

1 **Nimm einen Spiegel. Sprich die Laute nach.**

Lass dir die Wörter bei Aufgabe 2 und 4 vorsprechen.

2 **Hörst du in den Wörtern o oder u? Trage ein.**

u

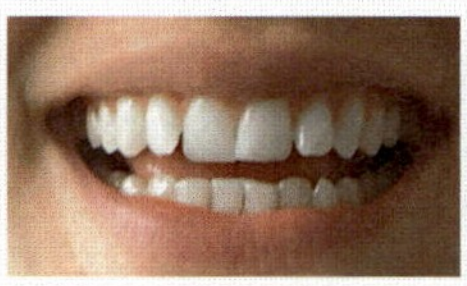
e
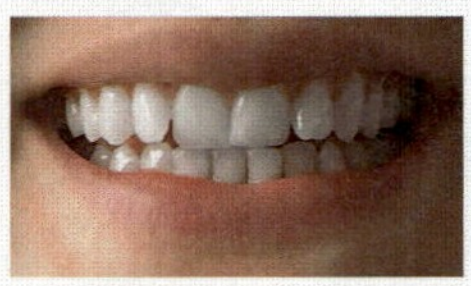
i

3 **Nimm einen Spiegel. Sprich die Laute nach.**

4 **Hörst du in den Wörtern e oder i? Trage ein.**

e

Das Haus

1 Lies die Wörter.

die Küche

das Badezimmer

die Toilette

das Wohnzimmer

der Keller

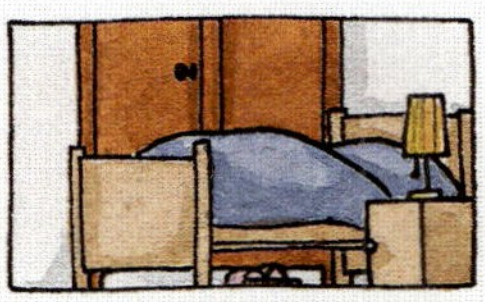
das Schlafzimmer

der Flur

das Kinderzimmer

der Dachboden

die Garage

der Balkon

die Haustür

der Garten

das Fenster

die Treppe

das Esszimmer

2 Schreibe die Wörter mit Artikel [?] geordnet auf.

die Küche

3 Schreibe Karteikarten mit den Haus-Wörtern.

1 Bei den Wörtern fehlen Buchstaben. Setze sie ein.

das B_a_d_e_z_i_mm_e_r das F__nst__r der Fl__r der B__lk__n

das K__nd__rz__mm__r der G__rt__n die Tr__pp__

Die Buchstaben, die hier fehlen, heißen Vokale.

2 Sprich die Vokale.

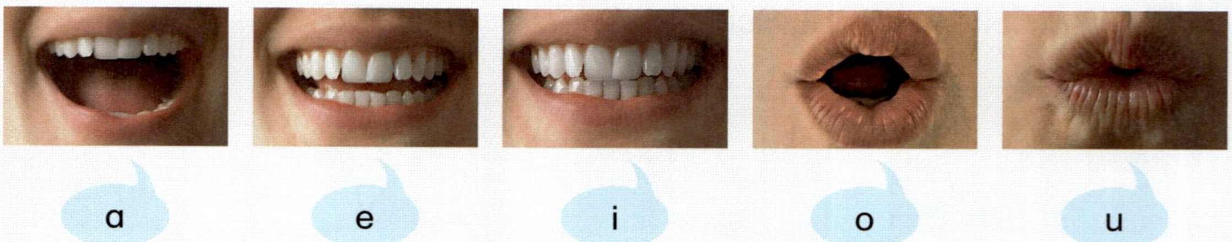

3 Zeichne bei diesen Wörtern die Silbenbögen ein und markiere alle Vokale [?] gelb.

Jede Silbe hat einen Vokal!

Dachboden Wohnzimmer Garage

Schlafzimmer Keller

Ein Vokal, der aus zwei Buchstaben besteht, heißt Zwielaut.

Die Vokale ä, ö, ü haben einen besonderen Namen: Umlaut.

Wo wohnst du?

Wo wohnst du?
Ich wohne in einer Wohnung in einem großen Haus. Das Haus steht in einer Stadt.

Wo wohnst du?
Ich wohne in einem Haus. Das Haus steht in einem kleinen Dorf.

Wo wohnst du?
Ich wohne in einem Reihenhaus in der Bahnhofstraße.
Bahnhofstraße

Wo wohnst du?

1 Verbinde passend.

kochen

spielen

schlafen

duschen

essen

parken

- im Wohnzimmer
- in der Küche
- im Esszimmer
- im Kinderzimmer
- im Schlafzimmer
- im Badezimmer
- im Garten
- in der Garage

schaukeln

lesen

baden

spülen

reden

fernsehen

2 Nimm einen Würfel.

 = ich  = du  = er  = sie  = es  = wir

Schreibe mit jedem Verb aus Aufgabe 1 einen Satz.
Beginne jeden Satz mit dem Personalpronomen [?],
das du gewürfelt hast.

Wir kochen in der Küche.

Achtung: Das Verb fernsehen hat eine Vorsilbe. Die Vorsilbe rückt im Satz an die letzte Stelle.

fern	seh	en
Vorsilbe	Wortstamm	Nachsilbe

Du **siehst** im Wohnzimmer **fern**.

Das Kinderzimmer

1 Lies die Wörter und zeichne Silbenbögen ein.

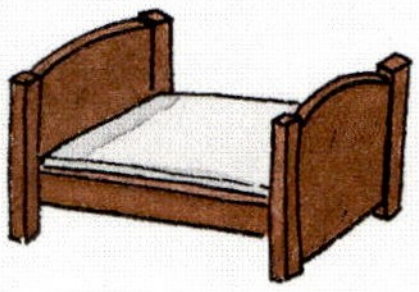

das Bett

das Kissen

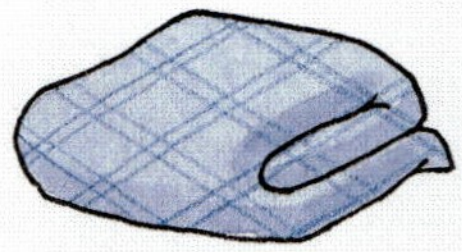

die Decke

die Lampe

der Teppich

der Schreibtisch

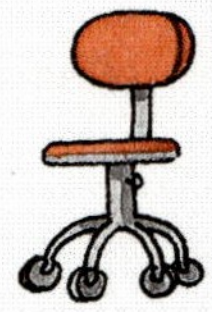

der Stuhl

der Ball

die Puppe

das Puzzle

der Malkasten

der Teddybär

der Dinosaurier

das Regal

der Schrank

der Pinsel

2 Schreibe die Wörter richtig mit dem bestimmten Artikel ? auf.

eRlag	chiepTp	ibschteirSch
das Regal	______	______
aksMelatn	**osDaurrieni**	**zluzeP**
______	______	______
mLpae	**Tydbderä**	**Pppeu**
______	______	______

3 **Male Einzahl, Mehrzahl und Bild jeweils mit der gleichen Farbe an.**

4 **Lies die Sätze. Kreuze an.**

- ☐ Ich schlafe im Regal.
- ☐ Ich schlafe im Bett.
- ☐ Ich schlafe im Schrank.

- ☐ Der Ball hat schöne Haare.
- ☐ Das Puzzle hat schöne Haare.
- ☐ Die Puppe hat schöne Haare.

- ☐ Ich spiele mit dem Bett.
- ☐ Ich spiele mit dem Ball.
- ☐ Ich spiele mit dem Teppich.

- ☐ Du sitzt auf dem Stuhl.
- ☐ Du sitzt auf dem Schrank.
- ☐ Du sitzt auf dem Teddybär.

mein – dein

1 Schreibe die Sätze.

mein Stuhl
dein Stuhl

meine Lampe
deine Lampe

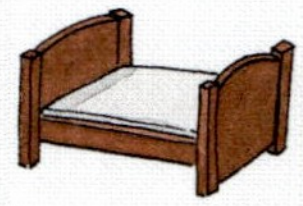

mein Bett
dein Bett

2 Schreibe die Sätze.

Das ist meine Lampe.

Das ist deine

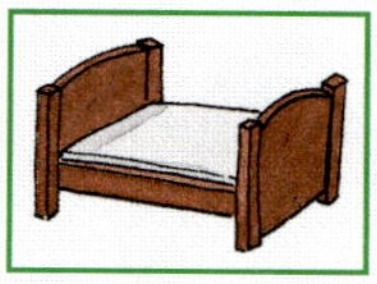

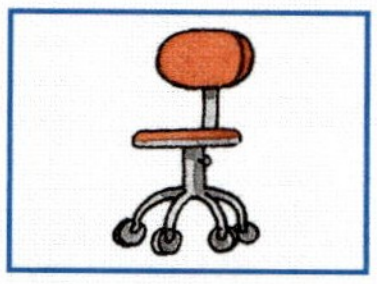

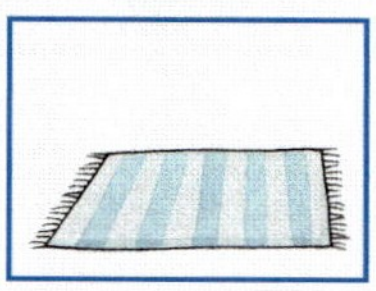

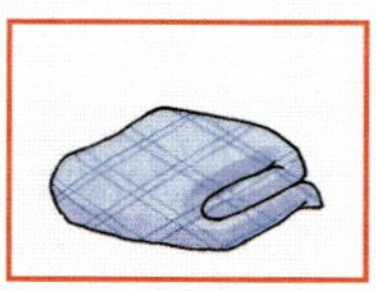

mein meine

Lösungen Deutsch-Stars Erweiterung
(zum Heraustrennen die mittlere Klammer lösen)

Hallo!
Ich heiße Linh.
Ich bin neun Jahre alt.
Ich komme aus Deutschland und wohne in München.
Ich gehe in die dritte Klasse.

Und du?

1 Male dich selbst:

offene Lösung

Hallo!

Ich heiße offene Lösung.

Ich bin ______.

Ich komme aus ______

______.

Ich gehe ______

______.

Der Körper

1 Lies die Wörter.

der Körper die Körper	die Schulter die Schultern	der Rücken die Rücken	das Haar die Haare
			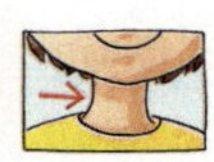
die Brust die Brüste	der Bauch die Bäuche	der Po die Pos	der Hals die Hälse
			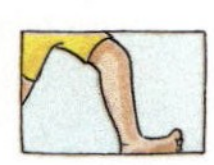
der Arm die Arme	die Hand die Hände	der Finger die Finger	das Bein die Beine
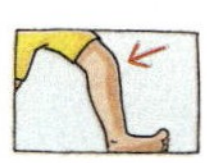	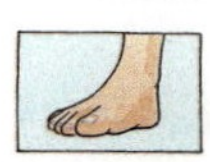	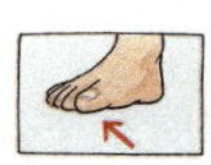	
das Knie die Knie	der Fuß die Füße	der Zeh die Zehen	der Kopf die Köpfe

2 Trage in Aufgabe 1 die fehlende Mehrzahl [?] mit Artikel [?] ein.

Brüste, Beine, Hände, Zehen, Füße, Arme, Pos, Hälse, Köpfe, Finger, Knie, Bäuche

In der Mehrzahl ist der Artikel immer die.

3 Geheimschrift. Welches Körperteil von Seite 5 passt?

die Schulter	der Hals	der Zeh
der Fuß	der Rücken	der Po
das Knie	der Arm	der Kopf
das Haar	die Brust	der Finger
das Bein	die Hand	der Bauch

4 Lernplakat:

- Male ein Körperbild von dir selbst.
- Schreibe alle Wörter mit Artikel [?].
- Schreibe auch die Mehrzahl [?] dazu.
- Suche weitere Körper-Wörter.

5 Schreibe die fehlenden Wörter in die Lücken.

Auf dem Kopf habe ich Haare.

An jeder Hand habe ich fünf Finger.

Ich stehe auf zwei Beinen.

An jedem Fuß habe ich fünf Zehen.

Mein Kopf sitzt auf meinem Hals.

Zwischen Hals und Bauch ist die Brust.

Ich sitze auf meinem Po.

1 Schreibe die Sätze.

z.B.

das Gesicht / die Gesichter

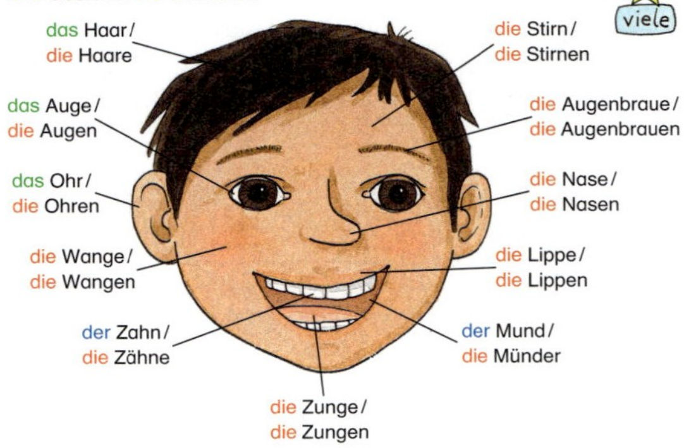

1 Schreibe Karteikarten mit den Wörtern. Lerne die Wörter.

2 Male nach und sprich mit.

Punkt, Punkt, Komma, Strich,

fertig ist das Mondgesicht.

Und zwei kleine Ohren, so werden wir geboren.

1 Ergänze die Sätze in der Ich-, Du-, Er- und Sie-Form.

ich	du
Ich **habe** eine Nase.	Du **hast** eine Nase.
Ich **habe** zwei Ohren.	Du **hast** zwei Ohren.
Ich habe einen Mund.	Du hast einen Mund.
Ich habe viele Zähne.	Du hast viele Zähne.
Ich habe zwei Augen.	Du hast zwei Augen.
Ich habe zwei Lippen.	Du hast zwei Lippen.
er	**sie**
Muhamed hat eine Nase.	**Laura hat** eine Nase.
Muhamed hat zwei Ohren.	**Laura hat** zwei Ohren.
Muhamed hat einen Mund.	**Laura** hat einen Mund.
Er hat viele Zähne.	**Sie** hat viele Zähne.
Er hat zwei Augen.	**Sie** hat zwei Augen.
Er hat zwei Lippen.	**Sie** hat zwei Lippen.

2 Ergänze in der Es-Form.

es
Das Kind **hat** eine Nase.
Das Kind **hat** zwei Ohren.
Es hat einen Mund.
Es hat viele Zähne.
Es hat zwei Augen.
Es hat zwei Lippen.

Nomen mit dem Artikel das kannst du durch das Pronomen es ersetzen.

Er-Form: er hat
Sie-Form: sie hat
Es-Form: es hat

1 Lies die Wörter. Zeichne Silbenbögen unter die Wörter.

2 Kreise bei den Wörtern in Aufgabe 1 die Endungen -en/-ern/-eln ein.

3 Wörterschlange: Zeichne nach jedem Wort einen Strich ein.

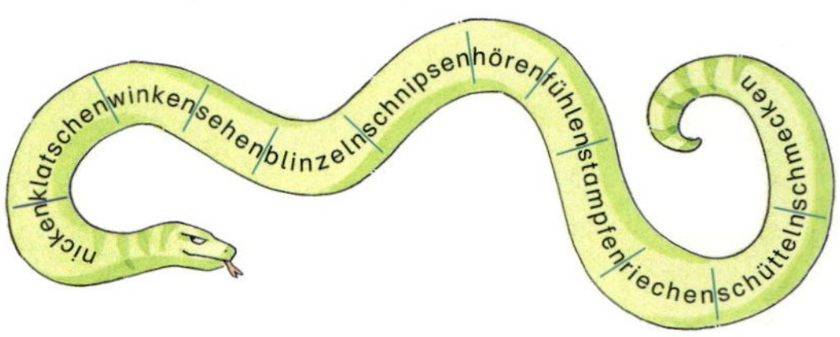

4 Schreibe die Verben in der Ich-, Du-, Er-, Sie-, Es- und Wir-Form. Kreise die Endungen ein.

fühlen	riechen	hören
ich fühle	ich rieche	ich höre
du fühlst	du riechst	du hörst
er fühlt	er riecht	er hört
sie fühlt	sie riecht	sie hört
es fühlt	es riecht	es hört
wir fühlen	wir riechen	wir hören

winken	sehen
ich winke	ich sehe
du winkst	du siehst
er winkt	er sieht
sie winkt	sie sieht
es winkt	es sieht
wir winken	wir sehen

Unregelmäßige Verben musst du dir merken.

5 Sehen ist ein unregelmäßiges Verb. Markiere die Veränderungen.

6 Setze die passenden Verben in der richtigen Form ein.

Ich nicke mit dem Kopf, wenn ich **ja** meine.

Ich schüttle den Kopf, wenn ich **nein** meine.

Ben (er) hört ein Lied.

Du stampfst mit den Füßen zur Musik.

Das Kind (es) schnipst mit den Fingern.

1 Lies die Sätze. Kreuze an.

richtig falsch

a) Mit der Nase kann ich
- ☐ hören.
- ☒ riechen.
- ☐ sprechen.

b) Ich habe zwei
- ☐ Nasen.
- ☐ Haare.
- ☒ Ohren.

c) Ich habe viele
- ☒ Haare.
- ☐ Beine.
- ☐ Arme.

d) Mit den Händen kann ich
- ☐ sehen.
- ☐ stampfen.
- ☒ klatschen.

e) So viele Finger habe ich:
- ☐ sechs.
- ☒ zehn.
- ☐ drei.

f) Die Zehen sind
- ☐ an den Händen.
- ☐ am Kopf.
- ☒ an den Füßen.

g) Vier Kinder haben zusammen
- ☐ sechs Beine.
- ☐ sieben Beine.
- ☒ acht Beine.

h) Fünf Kinder haben zusammen
- ☐ vierzig Zehen.
- ☒ fünfzig Zehen.
- ☐ sechzig Zehen.

i) Meine Arme sind
- ☐ länger als meine Beine.
- ☒ kürzer als meine Beine.
- ☐ genauso lang wie meine Beine.

1 Nimm einen Spiegel. Sprich die Laute nach.

Lass dir die Wörter bei Aufgabe 2 und 4 vorsprechen.

2 Hörst du in den Wörtern o oder u? Trage ein.

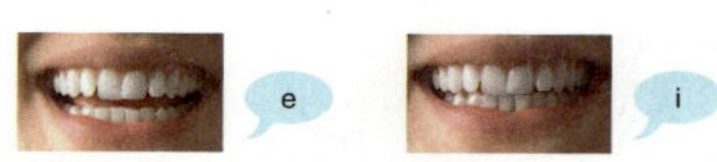

3 Nimm einen Spiegel. Sprich die Laute nach.

4 Hörst du in den Wörtern e oder i? Trage ein.

Das Haus

1 Lies die Wörter.

die Küche	das Badezimmer	die Toilette	das Wohnzimmer
der Keller	das Schlafzimmer	der Flur	das Kinderzimmer
der Dachboden	die Garage	der Balkon	die Haustür
der Garten	das Fenster	die Treppe	das Esszimmer

2 Schreibe die Wörter mit Artikel [?] geordnet auf.

der Flur

die Küche, der Keller, der Balkon, die Haustür, der Garten, das Fenster, die Treppe

die Toilette, das Wohnzimmer, das Schlafzimmer, der Dachboden, die Garage, das Esszimmer

das Badezimmer, das Kinderzimmer

3 Schreibe Karteikarten mit den Haus-Wörtern.

1 Bei den Wörtern fehlen Buchstaben. Setze sie ein.

das B a d e z i mm e r das F e nst e r der Fl u r der B a lk o n

das K i nd e rz i mm e r der G a rt e n die Tr e pp e

Die Buchstaben, die hier fehlen, heißen Vokale.

2 Sprich die Vokale.

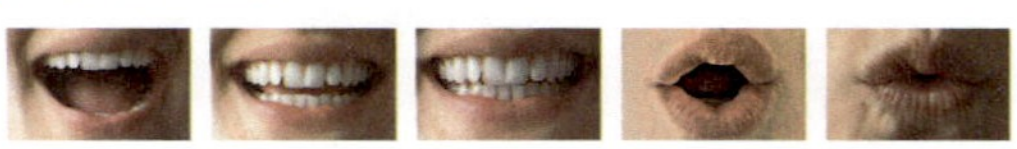

a e i o u

3 Zeichne bei diesen Wörtern die Silbenbögen ein und markiere alle Vokale [?] gelb.

Dachboden Wohnzimmer Garage

Schlafzimmer Keller

Jede Silbe hat einen Vokal!

Ein Vokal, der aus zwei Buchstaben besteht, heißt Zwielaut.

Die Vokale ä, ö, ü haben einen besonderen Namen: Umlaut.

offene Lösung

1 Verbinde passend.

kochen

spielen

schlafen

duschen

essen

parken

- im Wohnzimmer
- in der Küche
- im Esszimmer
- im Kinderzimmer
- im Schlafzimmer
- im Badezimmer
- im Garten
- in der Garage

offene Lösung

schaukeln

lesen

baden

spülen

reden

fernsehen

2 Nimm einen Würfel.

⚀ = ich ⚁ = du ⚂ = er ⚃ = sie ⚄ = es ⚅ = wir

Schreibe mit jedem Verb aus Aufgabe 1 einen Satz. Beginne jeden Satz mit dem Personalpronomen [?], das du gewürfelt hast.

Wir kochen in der Küche.

offene Lösung

fern	seh	en
Vorsilbe	Wortstamm	Nachsilbe

Du **siehst** im Wohnzimmer **fern**.

Das Kinderzimmer

1 Lies die Wörter und zeichne Silbenbögen ein.

das Bett

das Kissen

die Decke

die Lampe

der Teppich

der Schreibtisch

der Stuhl

der Ball

die Puppe

das Puzzle

der Malkasten

der Teddybär

der Dinosaurier

das Regal

der Schrank

der Pinsel

2 Schreibe die Wörter richtig mit dem bestimmten Artikel [?] auf.

eRlag	chiepTp	ibschteirSch
das Regal	der Teppich	der Schreibtisch
aksMelatn	osDaurrieni	zluzeP
der Malkasten	der Dinosaurier	das Puzzle
mLpae	Tydbderä	Pppeu
die Lampe	der Teddybär	die Puppe

③ **Male Einzahl, Mehrzahl und Bild jeweils mit der gleichen Farbe an.**

④ **Lies die Sätze. Kreuze an.**

- [ ] Ich schlafe im Regal.
- [x] Ich schlafe im Bett.
- [ ] Ich schlafe im Schrank.

- [ ] Der Ball hat schöne Haare.
- [ ] Das Puzzle hat schöne Haare.
- [x] Die Puppe hat schöne Haare.

- [ ] Ich spiele mit dem Bett.
- [x] Ich spiele mit dem Ball.
- [ ] Ich spiele mit dem Teppich.

- [x] Du sitzt auf dem Stuhl.
- [ ] Du sitzt auf dem Schrank.
- [ ] Du sitzt auf dem Teddybär.

① **Schreibe die Sätze.**

② **Schreibe die Sätze.**

Das ist meine Lampe.
Das ist deine Lampe.

Das ist mein Bett.
Das ist dein Bett.

Das ist mein Stuhl.
Das ist dein Stuhl.

Das ist mein Puzzle.
Das ist dein Puzzle.

Das ist mein Teddybär.
Das ist dein Teddybär.

Das ist mein Teppich.
Das ist dein Teppich.

Das ist meine Decke.
Das ist deine Decke.

Das ist mein Schreibtisch.
Das ist dein Schreibtisch.

mein meine

① **Lies die Geschichte.**

Laura besucht am Nachmittag Serkan.
Die beiden spielen zusammen im Kinderzimmer.
Laura sagt: „Lass uns ein Puzzle machen."
Als das Puzzle fertig ist, sagt Serkan: „Lass uns Ball spielen."
Laura und Serkan gehen in den Garten.
Sie werfen den Ball hin und her.
Da fliegt der Ball über den Zaun zu den Nachbarn.
Der Hund Bello bringt den Ball zurück.
„Danke, Bello!", rufen Laura und Serkan. Sie lachen.

② **Nummeriere die Bilder in der richtigen Reihenfolge.**

③ **Schreibe die Antworten.**

Wie heißt das Mädchen? Das Mädchen heißt Laura.

Wie heißt der Junge? Der Junge heißt Serkan.

Womit spielen die beiden? Mit einem Puzzle und mit einem Ball.

Wer bringt den Ball zurück? Der Hund Bello bringt den Ball zurück.

Das Kleiderschrank-Spiel

- Schneide die Karten und die beiden Schränke aus. 
- Suche dir einen Mitspieler oder eine Mitspielerin. 
- Stellt eine Schultasche zwischen euch auf. 
- Räume deinen Schrank ein.
  Verteile die Karten in den Regalen und Schubladen.

- Dein Mitspieler oder deine Mitspielerin stellt Fragen und versucht den Schrank genauso einzuräumen wie du. Überprüft am Schluss: Sehen eure Kleiderschränke gleich aus?
- Tauscht die Rollen.

1 Lies die Wörter und Sätze.

auf, in, hinter, unter … sind Präpositionen.

Wo ist das Buch?
Wo ist die Puppe?
Wo ist …?

Das Buch liegt auf dem Tisch.

Die Puppe ist in der Kiste.

Der Ball liegt hinter dem Regal.

Der Bleistift liegt unter dem Tisch.

Das Puzzle ist vor der Kiste.

Das Bild hängt über dem Tisch.

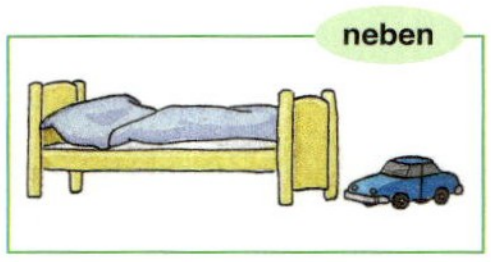

Das Auto steht neben dem Bett.

Das Kissen liegt zwischen dem Regal und dem Bett.

2 Setze die fehlenden Präpositionen ? ein.

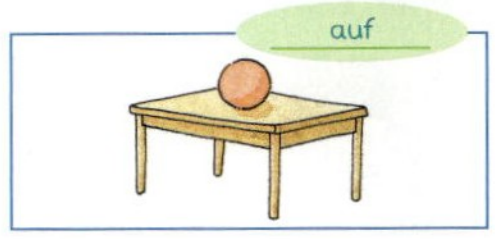

Der Ball liegt auf dem Tisch.

Das Bild hängt über dem Regal.

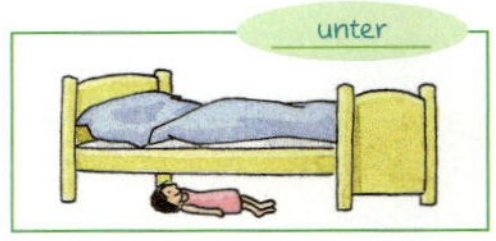

Die Puppe liegt unter dem Bett.

Das Auto steht in dem Regal.

3 Schreibe die fehlenden Präpositionen ? und male die fehlenden Sachen.

Das Buch liegt unter dem Tisch.

Das Kissen liegt neben dem Regal.

Das Bild liegt hinter der Kiste.

Die Puppe liegt zwischen der Kiste und der Lampe.

Der Schrank

1 Lies die Wörter und zeichne Silbenbögen ein.

die Schublade

der Pullover

die Hose

das T-Shirt

der Rock

das Kleid

die Jacke

die Mütze

der Schal

der Handschuh

die Unterhose

das Unterhemd

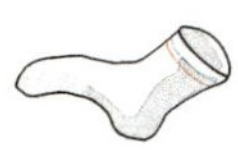
die Socke

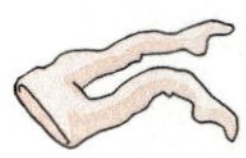
die Strumpfhose

der Schuh

der Gürtel

2 Wörterschlange: Zeichne nach jedem Wort einen Strich ein. Die Wörter stehen in der Mehrzahl ?.

3 Schreibe die Wörter aus Aufgabe 1 und 2 geordnet in der Einzahl [?] und Mehrzahl [?] mit Artikel [?] auf.

Einzahl	Mehrzahl
 der Schuh	 die Schuhe
die Schublade	die Schubladen
der Pullover	die Pullover
die Hose	die Hosen
das T-Shirt	die T-Shirts
der Rock	die Röcke
das Kleid	die Kleider
die Jacke	die Jacken
die Mütze	die Mützen
der Schal	die Schals
der Handschuh	die Handschuhe
die Unterhose	die Unterhosen
das Unterhemd	die Unterhemden
die Socke	die Socken
die Strumpfhose	die Strumpfhosen
der Gürtel	die Gürtel

4 Gestalte ein Lernplakat zum Thema „Kleidung".

Spiele das Kleiderschrank-Spiel. Du findest es in der Mitte des Heftes. Schneide das Spiel aus und suche dir einen Mitspieler oder eine Mitspielerin.

Wo liegt dein Pullover?

Mein Pullover liegt in der Schublade rechts unten.

Wo liegt deine Hose?

Meine Hose liegt über dem Pullover.

Wo liegt dein T-Shirt?

Mein T-Shirt liegt in dem Schrank oben rechts.

Wo liegen deine Socken?

Meine Socken liegen zwischen der Hose und dem T-Shirt.

…

1 Lies.

Tayo ist groß.			Leonie ist klein.
Die Haare sind lang.			Die Haare sind kurz.
Der Hund ist dünn.			Der Hund ist dick.
Die Flasche ist voll.			Die Flasche ist leer.
Die Schokolade ist süß.			Die Zitrone ist sauer.
Der Ball ist rund.			Das Buch ist eckig.
Das Eis ist kalt.			Der Tee ist heiß.

Adjektive sagen dir, wie etwas ist. Wie ist der Ball? – rund.

Zu Adjektiven gibt es häufig ein Gegenteil: rund – eckig.

2 Schreibe zu jedem Bild einen Satz mit einem Adjektiv [?].

 Der Würfel ist …

 Das Lineal ist …

 Der Tisch ist …

 Die Uhr ist …

 Der Schal ist …

3 Schreibe zu jedem Adjektiv das Gegenteil [?].

- süß → SAUER
- rund ↓ ECKIG
- voll ↓ LEER
- dick ↓ DÜNN
- groß → KLEIN
- heiß ↓ KALT
- kurz → LANG

4 Kreise Nomen [?] gelb, Verben [?] orange und Adjektive [?] lila ein.

Mütze lachen Federmäppchen Bett heiß schreiben voll
schaukeln kurz Wohnzimmer schnipsen fahren rund Stuhl
Rock Bus groß eckig duschen Garten leer Puppe

Die Tasche ist groß.
– die groß**e** Tasche

Adjektive beschreiben Nomen genauer.

Adjektive können zwischen dem Artikel und dem Nomen stehen. → Endung: -e

5 Vervollständige.

Die Suppe ist heiß.	– die heiße Suppe
Der Stift ist kurz.	– der kurze Stift
Das Eis ist kalt.	– das kalte Eis
Der Zucker ist süß.	– der süße Zucker
Der Pullover ist grün.	– der grüne Pullover
Der Schrank ist voll.	– der volle Schrank
Der Ball ist rund.	– der runde Ball
Das Bett ist lang.	– das lange Bett

6 Schreibe eigene Sätze.

offene Lösung – ______
______ – ______
______ – ______
______ – ______

7 Gestalte ein Lernplakat zu Adjektiven ?. Finde weitere Adjektive.

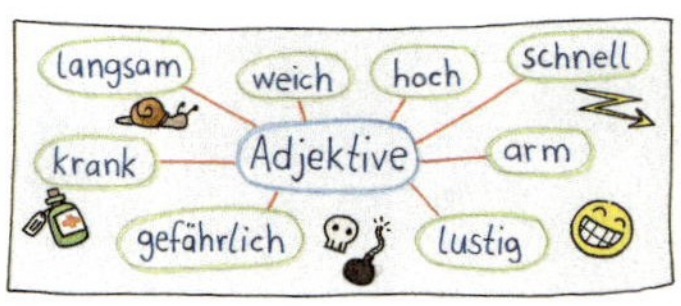

1 Lies die Elfchen.

2 Beantworte die Fragen zu den Elfchen.

Wie viele Wörter hat ein Elfchen? Ein Elfchen hat 11 Wörter.

Was ist das erste Wort? ☐ Nomen ☐ Verb ☒ Adjektiv ☐ Artikel

Was ist das zweite Wort? ☐ Nomen ☐ Verb ☐ Adjektiv ☒ Artikel

Was ist das dritte Wort? ☒ Nomen ☐ Verb ☐ Adjektiv ☐ Artikel

3 Die Zeilen dieses Elfchens sind durcheinander. Nummeriere richtig.

4 Erfinde ein eigenes Elfchen.

offene Lösung

______
Adjektiv

______ ______
Der/Die/Das

______ ______ ______
Er/Sie/Es

Ich ______ ______ ______

______

Die Küche

1 Lies die Wörter. Zeichne die Silbenbögen.

die Küche
die Küchen

der Kühlschrank
die Kühlschränke

die Spüle
die Spülen

die Spülmaschine
die Spülmaschinen

der Herd
die Herde

der Teller
die Teller

die Tasse
die Tassen

das Glas
die Gläser

die Gabel
die Gabeln

das Messer
die Messer

der Löffel
die Löffel

die Schüssel
die Schüsseln

der Topf
die Töpfe

die Pfanne
die Pfannen

das Brett
die Bretter

das Sieb
die Siebe

2 Schreibe Karteikarten mit den Küchen-Wörtern.

③ **Schreibe die Wörter passend auf die Striche.**

die Spüle das Messer der Herd der Topf
die Schüssel die Spülmaschine
der Kühlschrank das Sieb die Tasse
die Gabel das Glas das Brett
die Pfanne der Löffel der Teller

④ **Lies und male das Bild weiter.**

Auf dem Herd steht ein Topf. Hinter dem Topf steht eine Pfanne.
Der Topf ist blau, die Pfanne ist rot.

In der Spüle stehen zwei schmutzige Tassen.

Auf dem Tisch steht ein Teller. Der Teller ist gelb.
Rechts neben dem Teller liegt ein Messer.
Links neben dem Teller liegt eine Gabel.
Unter dem Tisch liegt ein Löffel.

Über der Spülmaschine hängt eine Pfanne an der Wand.

Vor dem Kühlschrank steht eine grüne Schüssel.

Schreibe in das Lerntagebuch, was du gelernt hast.
Schreibe, was leicht für dich ist und was noch schwer ist.
Schreibe, was für dich wichtig ist.

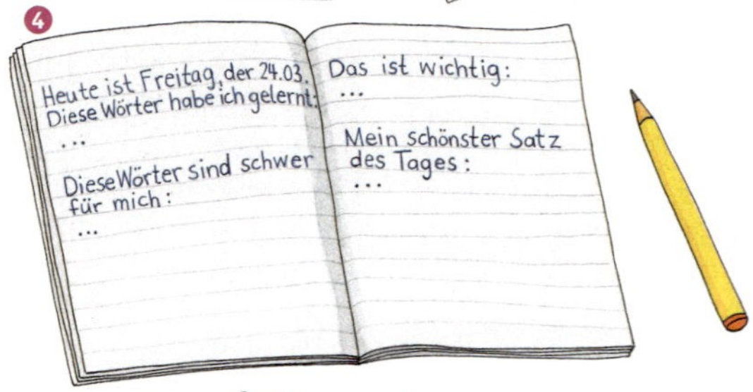

Du kannst dir zu jedem Thema auch eigene Wörter suchen, die du lernen willst.

① **Lies die Wörter.**
Zeichne Silbenbögen unter die Wörter. Umkreise die Vorsilben ?.

umrühren spülen schälen kochen
backen schneiden abtrocknen ausräumen
würzen waschen decken abräumen

② **Wörterschlange: Zeichne nach jedem Wort einen Strich ein.**

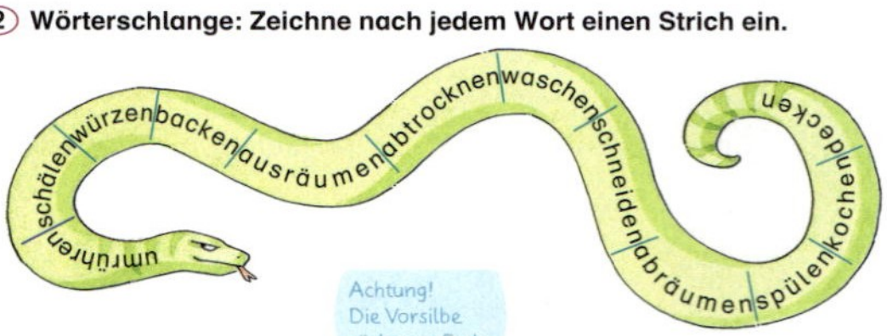

Achtung! Die Vorsilbe rückt ans Ende.

③ **Schreibe Karteikarten mit Verben.**
Schreibe die Verben in der Ich-, Du-, Er-, Sie-, Es- und Wir-Form auf.

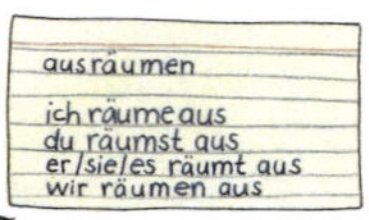

① **Kreise in jeder Sprechblase die Endung -t ein.**

Verben enden in der Ihr-Form mit -t.

② **Schreibe die Verben richtig in die Lücken.**
Umkreise die Endung -t rot.

Die Mutter sagt:

Ihr backt (backen) den Kuchen.
Ihr würzt (würzen) die Suppe.
Ihr wascht (waschen) die Tomaten.
Ihr schält (schälen) die Kartoffeln.
Ihr räumt (abräumen) den Tisch ab.
Ihr trocknet (abtrocknen) das Geschirr ab.
Ihr rührt (umrühren) die Suppe um.
Ihr räumt (ausräumen) die Spülmaschine aus.

③ **Schreibe auf deine Karteikarten mit Verben auch die Ihr-Form.**

Die Lebensmittel

1 Lies die Wörter.

2 Schreibe die Wörter mit Artikel [?] geordnet auf.

das Brot, die Wurst, das Ei, das Fleisch, der Fisch, die Milch, der Saft

die Butter, der Käse, die Nudel, der Salat, der Apfel

die Kartoffel, die Tomate, die Banane

die Marmelade

3 Verbinde die Wörter in der Mehrzahl mit dem richtigen Bild. Drei Wörter bleiben übrig. Sie haben keine Mehrzahlform. Schreibe sie auf:

das Fleisch — die Butter — die Milch

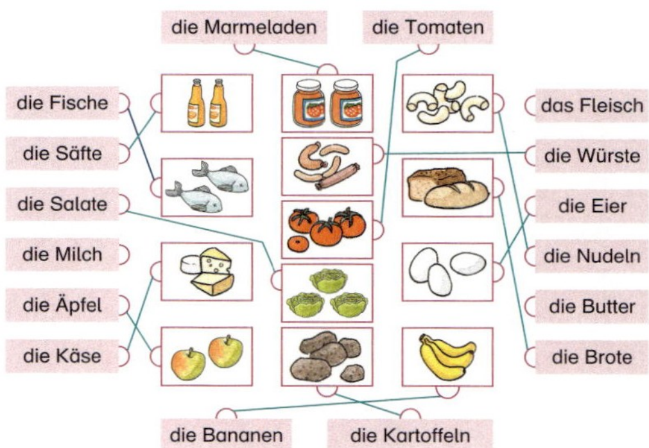

4 Schreibe die Lebensmittel in Einzahl [?] und Mehrzahl [?] auf Karteikarten. Markiere die Veränderungen.

das Ei
die Eier

5 Schreibe zu jedem Wort ein Lebensmittel, das sich reimt.

- Tisch – Fisch
- Pudel – Nudel
- zwei – Ei
- Kraft – Saft
- Futter – Butter
- Boot – Brot

1 Was magst du? Antworte in ganzen Sätzen.

Magst du gern Salat? Ich mag

Magst du Marmelade? offene Lösung

Magst du gern Käse?

Magst du Kartoffeln?

Das kann ich schon

1 Zeichne bei den Wörtern Silbenbögen ein. Markiere die Vokale gelb.

riechen Kleid auf Finger Bett sauer spülen
Badezimmer winken Augenbrauen Arm duschen
Schreibtisch süß Unterhose Balkon Lippen Teller

→ Seite 16

2 Setze bei jedem Satz einen Punkt oder ein Fragezeichen.

Ich esse gerne Tomaten .
Wo wohnst du ?
Wie alt bist du ?
Der Stuhl ist braun .
Ist das ein Teddybär ?
Mert geht ins Kinderzimmer .

→ Seite 7

3 Setze richtig ein: e oder i?

der Zeh das Bett die Milch der Finger der Herd der Fisch

Setze richtig ein: o oder u?

der Topf das Ohr die Puppe der Schuh der Po die Zunge

→ Seite 13

4 Welche Präpositionen passt?

auf — in — hinter — neben

→ Seite 26, 27

5 Kreise die Nomen gelb, die Verben orange und die Adjektive lila ein.

lang Toilette backen klein Käse Salat spülen sauer
Schublade Ei duschen parken kalt lesen Schrank

→ Seite 33

6 Setze richtig ein: mein oder meine?

Das ist mein Bett. Das ist mein Pullover.
Das ist meine Tasse. Das ist mein Apfel.
Das ist mein Glas. Das ist meine Mütze.

→ Seite 23, 24

7 Kreise bei den Verben die Vorsilben und Endungen ein.

schüttelst umrühren fühlt winke abtrocknen schmeckt
kochst ausräumen badet spiele fernsehen

→ Seiten 10, 11, 18, 19, 40, 41

8 Schreibe passende Adjektive in die Lücken. offene Lösung

Das Eis ist ________. Die ________ Tasse steht auf dem Tisch.
Der Pullover ist ________. Das ________ Lineal gehört Mira.

→ Seiten 32, 33, 34

9 Vervollständige die Tabelle.

Grundform	hören	kochen	schälen	schlafen	sehen
Ich-Form	ich höre	ich koche	ich schäle	ich schlafe	ich sehe
Du-Form	du hörst	du kochst	du schälst	du schläfst	du siehst
Er-Form	er hört	er kocht	er schält	er schläft	er sieht
Sie-Form	sie hört	sie kocht	sie schält	sie schläft	sie sieht
Es-Form	es hört	es kocht	es schält	es schläft	es sieht
Wir-Form	wir hören	wir kochen	wir schälen	wir schlafen	wir sehen
Ihr-Form	ihr hört	ihr kocht	ihr schält	ihr schlaft	ihr seht

→ Seiten 10, 11, 18, 19, 40, 41

Wichtige Begriffe

Hier findest du wichtige Begriffe aus diesem Heft.

- **Das ABC/Alphabet** — A B C D E F G H I J K L M N O P Q R S T U V W X Y Z
- **Buchstaben** — Was ich schreibe und lese sind Buchstaben.
- **Laute** — Was ich höre und spreche sind Laute.
- **Vokale** — A/a E/e I/i O/o U/u
  - **– Umlaute** — Ä/ä Ö/ö Ü/ü
  - **– Zwielaute** — Au/au Ei/ei Eu/eu Äu/äu Ai/ai
- **Silben** — Wörter kann ich in Silben gliedern: Banane Kleid duschen
- **bestimmte Artikel** — der/die/das
- **unbestimmte Artikel** — ein/eine/ein
- **Nomen** — Der erste Buchstabe wird großgeschrieben. Nomen haben einen Artikel. Nomen gibt es in der Einzahl und Mehrzahl.
- **Einzahl – Mehrzahl** — der Tisch – die Tische, das Haus – die Häuser, der Pullover – die Pullover
  Der Artikel in der Mehrzahl ist immer die.
- **Verben** — Verben enden in der Grundform meist mit -en, manchmal mit -ern oder -eln.
  Verben gebrauchen wir in unterschiedlichen Formen.
  Dabei ändert sich die Endung.
  → ich koche, du kochst, er/sie/es kocht, wir kochen, ihr kocht
  Achtung: Es gibt auch unregelmäßige Verben.
  → ich esse, du isst, er/sie/es isst, wir essen, ihr esst
  Es gibt Verben mit Vorsilben: abräumen, fernsehen
- **Adjektive** — Adjektive sagen dir, wie etwas ist.
  → Wie ist der Ball? – rund
  Adjektive haben häufig ein Gegenteil: heiß – kalt, groß – klein
- **Präpositionen** — Präpositionen sagen dir, wo etwas ist.
  → Wo ist der Ball? – **unter** dem Tisch, **hinter** dem Schrank, **auf** dem Stuhl
- **Aussagesatz** — Ein Aussagesatz hat am Ende einen Punkt: Die Tomate ist rot.
- **Fragesatz** — Ein Fragesatz endet mit einem Fragezeichen: Wo wohnst du?

Bello spielt mit

1 Lies die Geschichte.

Laura besucht am Nachmittag Serkan.
Die beiden spielen zusammen im Kinderzimmer.
Laura sagt: „Lass uns ein Puzzle machen."
Als das Puzzle fertig ist, sagt Serkan: „Lass uns Ball spielen."
Laura und Serkan gehen in den Garten.
Sie werfen den Ball hin und her.
Da fliegt der Ball über den Zaun zu den Nachbarn.
Der Hund Bello bringt den Ball zurück.
„Danke, Bello!", rufen Laura und Serkan. Sie lachen.

2 Nummeriere die Bilder in der richtigen Reihenfolge.

3 Schreibe die Antworten.

Wie heißt das Mädchen? ____________________

Wie heißt der Junge? ____________________

Womit spielen die beiden? ______________ und ______________

Wer bringt den Ball zurück? ____________________

Wo ist das Buch?
Wo ist die Puppe?
Wo ist ...?

1 Lies die Wörter und Sätze.

auf, in, hinter, unter ...
sind Präpositionen.

auf

Das Buch liegt auf dem Tisch.

in

Die Puppe ist in der Kiste.

hinter

Der Ball liegt hinter dem Regal.

unter

Der Bleistift liegt unter dem Tisch.

vor

Das Puzzle ist vor der Kiste.

über

Das Bild hängt über dem Tisch.

neben

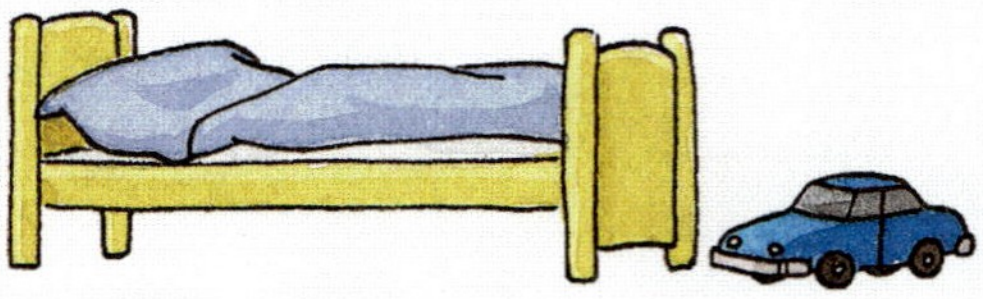

Das Auto steht neben dem Bett.

zwischen

Das Kissen liegt zwischen dem Regal und dem Bett.

2 Setze die fehlenden Präpositionen **?** ein.

Der Ball liegt ________ dem Tisch.

Das Bild hängt ________ dem Regal.

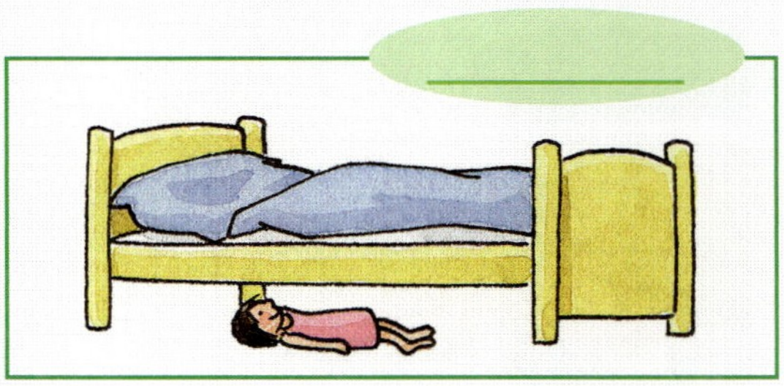

____________________ dem Bett.

____________________ dem Regal.

3 Schreibe die fehlenden Präpositionen **?** und male die fehlenden Sachen.

Das Buch liegt unter dem Tisch.

Das Kissen liegt neben dem Regal.

Das Bild liegt hinter der Kiste.

Die Puppe liegt zwischen der Kiste und der Lampe.

Der Schrank

① Lies die Wörter und zeichne Silbenbögen ein.

die Schublade

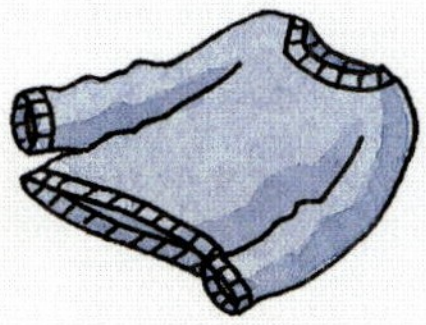
der Pullover

die Hose

das T-Shirt

der Rock

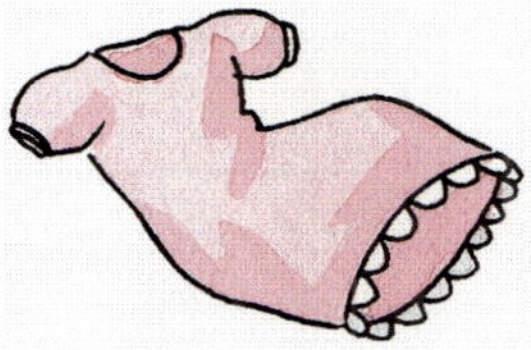
das Kleid

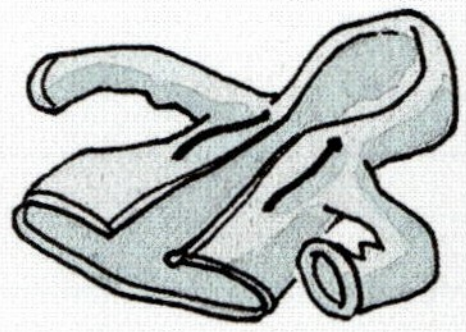
die Jacke

die Mütze

der Schal

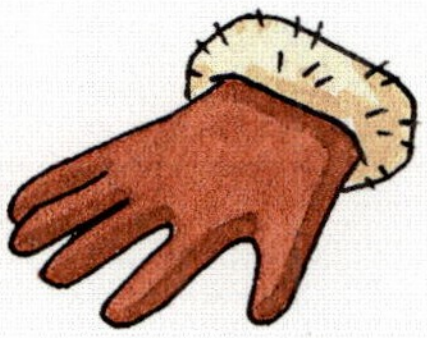
der Handschuh

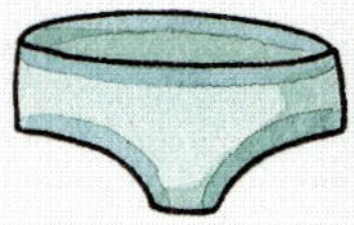
die Unterhose

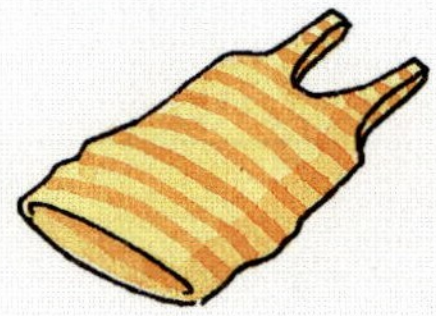
das Unterhemd

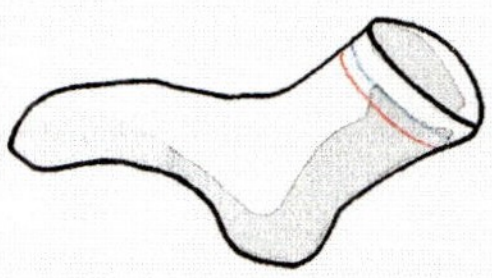
die Socke

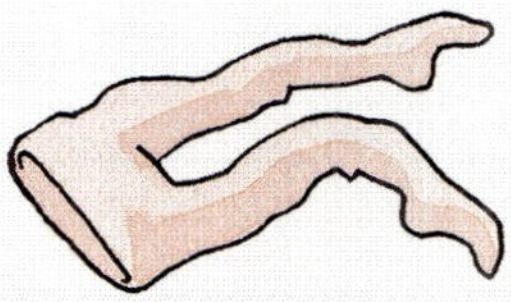
die Strumpfhose

der Schuh

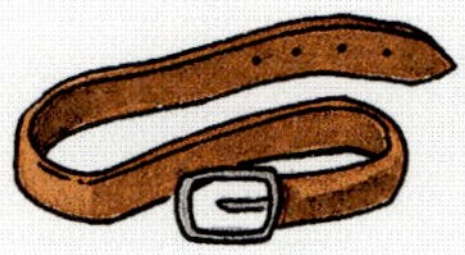
der Gürtel

② Wörterschlange: Zeichne nach jedem Wort einen Strich ein. Die Wörter stehen in der Mehrzahl [?].

schubladen|röckeschalssockenstrumpfhosenhandschuhekleiderpulloverhosenmützenunterhemdenjackenunterhosenschuhegürtelt-shirts

3 **Schreibe die Wörter aus Aufgabe 1 und 2 geordnet in der Einzahl [?] und Mehrzahl [?] mit Artikel [?] auf.**

der Schuh

die Schuhe

4 **Gestalte ein Lernplakat zum Thema „Kleidung“.**

Spiele das Kleiderschrank-Spiel. Du findest es in der Mitte des Heftes. Schneide das Spiel aus und suche dir einen Mitspieler oder eine Mitspielerin.

Wo liegt dein Pullover?

Mein Pullover liegt in der Schublade rechts unten.

Wo liegt deine Hose?

Meine Hose liegt über dem Pullover.

Wo liegt dein T-Shirt?

Mein T-Shirt liegt in dem Schrank oben rechts.

Wo liegen deine Socken?

Meine Socken liegen zwischen der Hose und dem T-Shirt.

...

1 Lies.

Tayo ist groß.

Leonie ist klein.

Die Haare sind lang.

Die Haare sind kurz.

Der Hund ist dünn.

Der Hund ist dick.

Die Flasche ist voll.

Die Flasche ist leer.

Die Schokolade ist süß.

Die Zitrone ist sauer.

Der Ball ist rund.

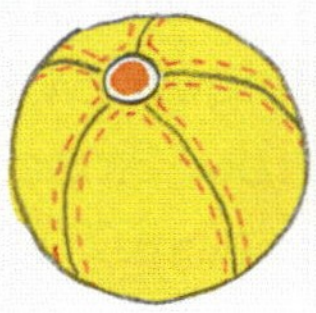

Das Buch ist eckig.

Das Eis ist kalt.

Der Tee ist heiß.

Adjektive sagen dir,
wie etwas ist.
Wie ist der Ball? – rund.

Zu Adjektiven gibt es häufig
ein Gegenteil: rund – eckig.

② Schreibe zu jedem Bild einen Satz mit einem Adjektiv [?].

Der Würfel ist ______________________________

____

____

____

____

③ Schreibe zu jedem Adjektiv das Gegenteil [?].

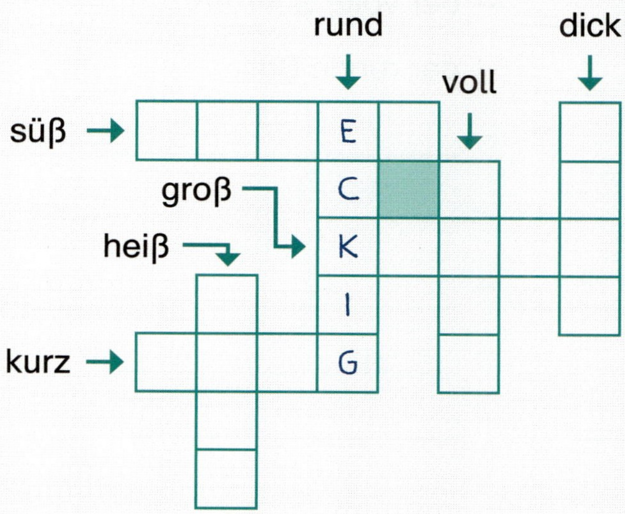

④ Kreise Nomen [?] gelb, Verben [?] orange und Adjektive [?] lila ein.

Mütze lachen Federmäppchen Bett heiß schreiben voll

schaukeln kurz Wohnzimmer schnipsen fahren rund Stuhl

Rock Bus groß eckig duschen Garten leer Puppe

Die Tasche ist groß.
– die große Tasche

Adjektive beschreiben Nomen genauer.

Adjektive können zwischen dem Artikel und dem Nomen stehen.
→ Endung: -e

5 **Vervollständige.**

Die Suppe ist heiß.	–	die heiße Suppe
Der Stift ist kurz.	–	______
______	–	das kalte Eis
Der Zucker ist süß.	–	______
Der Pullover ist grün.	–	______
______	–	der volle Schrank
______	–	der runde Ball
Das Bett ist lang.	–	______

6 **Schreibe eigene Sätze.**

______ – ______

______ – ______

______ – ______

______ – ______

7 **Gestalte ein Lernplakat zu Adjektiven [?]. Finde weitere Adjektive.**

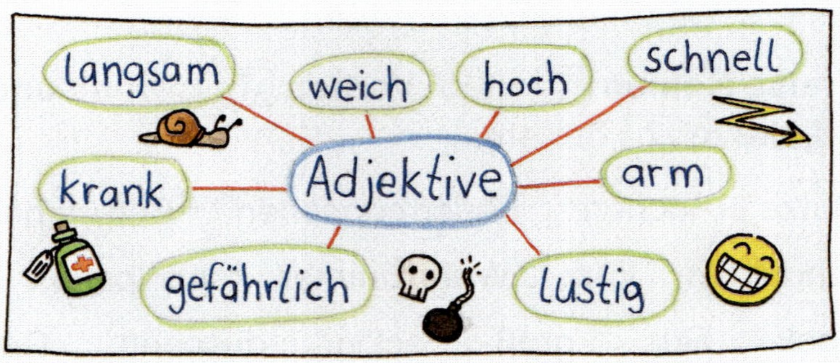

① Lies die Elfchen.

Rund
Der Ball
Er fliegt hinauf
Ich spiele gerne damit
Tor

Kalt
Das Eis
Es schmeckt gut
Ich esse zwei Kugeln
Lecker

② Beantworte die Fragen zu den Elfchen.

Wie viele Wörter hat ein Elfchen? ______________________

Was ist das erste Wort?	☐ Nomen	☐ Verb	☐ Adjektiv	☐ Artikel
Was ist das zweite Wort?	☐ Nomen	☐ Verb	☐ Adjektiv	☐ Artikel
Was ist das dritte Wort?	☐ Nomen	☐ Verb	☐ Adjektiv	☐ Artikel

③ Die Zeilen dieses Elfchens sind durcheinander. Nummeriere richtig.

☐ Ich liege im Gras
☐ Sommer
☐ Es riecht gut
☐ Das Gras
1 Grün

④ Erfinde ein eigenes Elfchen.

____
Adjektiv

______ ______________
Der/Die/Das

______ ______ ______
Er/Sie/Es

Ich ______ ______ ______

____

Die Küche

1 Lies die Wörter. Zeichne die Silbenbögen.

die Küche

die Küchen

der Kühlschrank

die Kühlschränke

die Spüle

die Spülen

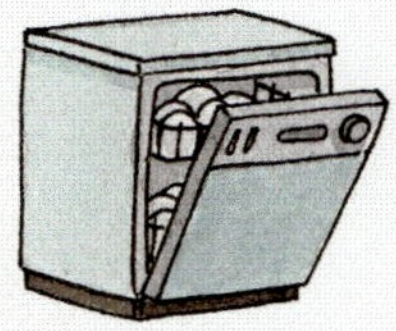

die Spülmaschine

die Spülmaschinen

der Herd

die Herde

der Teller

die Teller

die Tasse

die Tassen

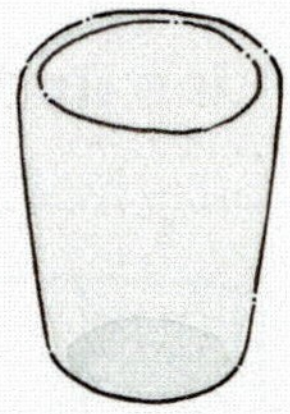

das Glas

die Gläser

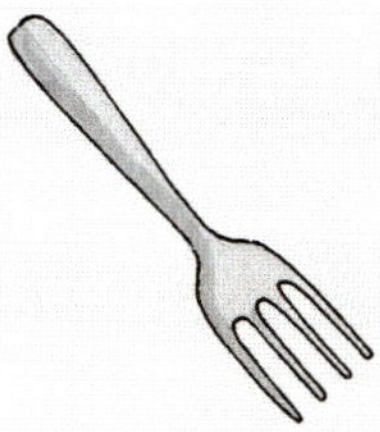

die Gabel

die Gabeln

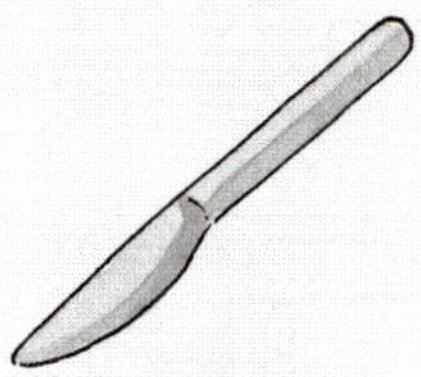

das Messer

die Messer

der Löffel

die Löffel

die Schüssel

die Schüsseln

der Topf

die Töpfe

die Pfanne

die Pfannen

das Brett

die Bretter

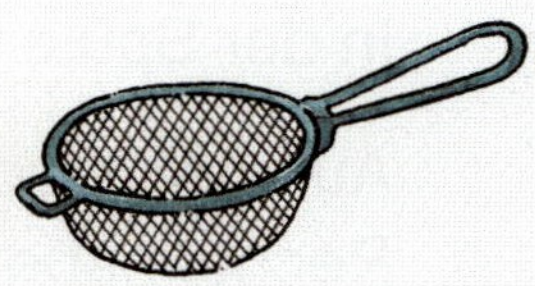

das Sieb

die Siebe

2 Schreibe Karteikarten mit den Küchen-Wörtern.

3 Schreibe die Wörter passend auf die Striche.

die __p_____ das ___________ der ___r__ der _____f

die _______________ die ______________________

der _____________________ das _______ die _____s__

die ___b___ das _______ das _________

die ___________ der L_________ der __e_______

4 Lies und male das Bild weiter.

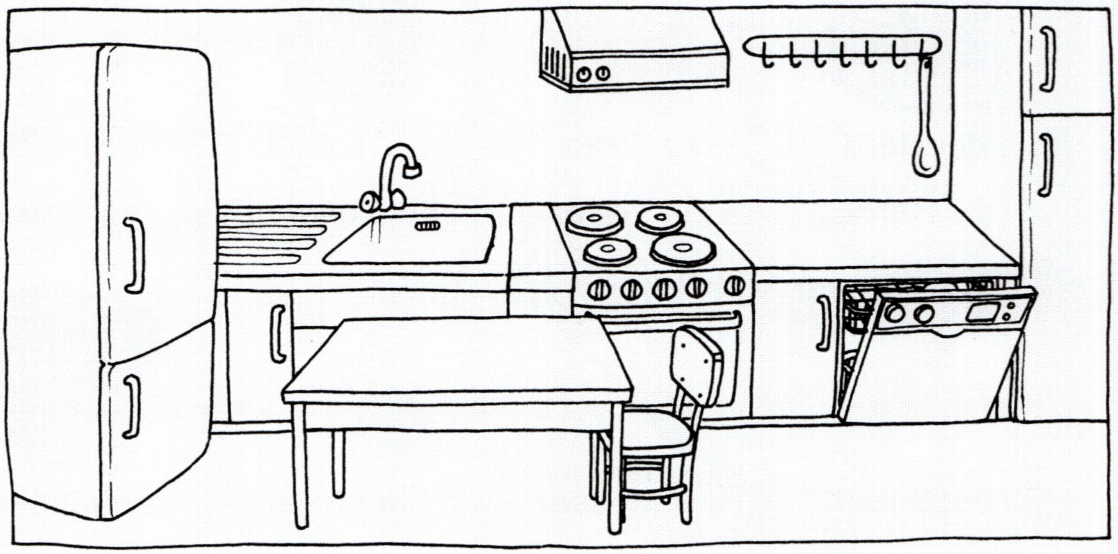

Auf dem Herd steht ein Topf. Hinter dem Topf steht eine Pfanne.
Der Topf ist blau, die Pfanne ist rot.

In der Spüle stehen zwei schmutzige Tassen.

Auf dem Tisch steht ein Teller. Der Teller ist gelb.
Rechts neben dem Teller liegt ein Messer.
Links neben dem Teller liegt eine Gabel.
Unter dem Tisch liegt ein Löffel.

Über der Spülmaschine hängt eine Pfanne an der Wand.

Vor dem Kühlschrank steht eine grüne Schüssel.

Schreibe in das Lerntagebuch, was du gelernt hast.
Schreibe, was leicht für dich ist und was noch schwer ist.
Schreibe, was für dich wichtig ist.

1

2

3

4

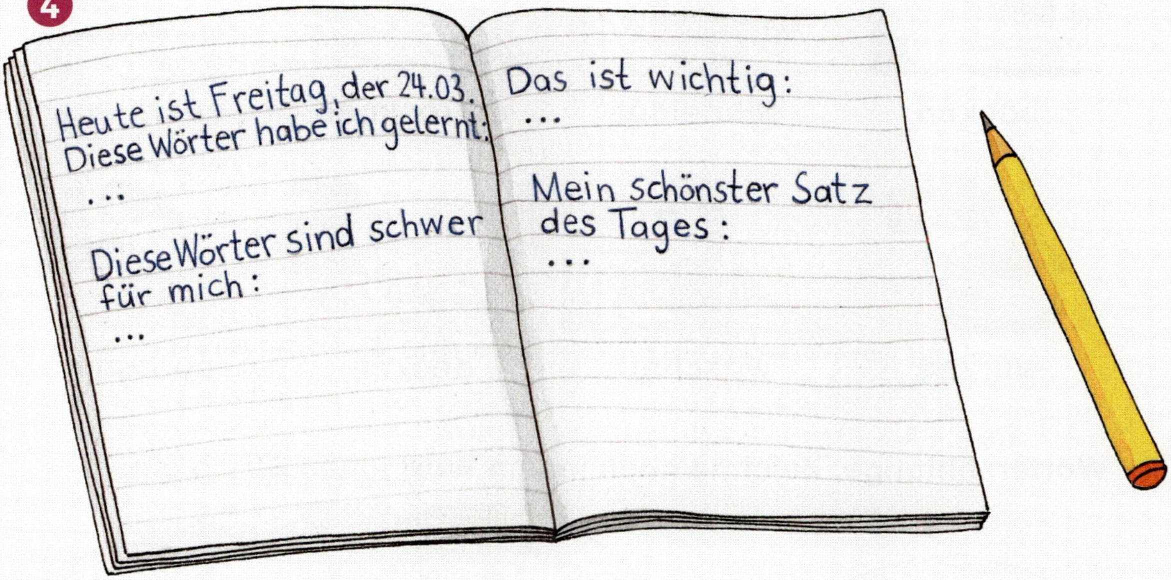

Du kannst dir zu jedem Thema auch eigene Wörter suchen, die du lernen willst.

1 Lies die Wörter.
Zeichne Silbenbögen unter die Wörter. Umkreise die Vorsilben [?].

umrühren

spülen

schälen

kochen

backen

schneiden

abtrocknen

ausräumen

würzen

waschen

decken

abräumen

2 Wörterschlange: Zeichne nach jedem Wort einen Strich ein.

3 Schreibe Karteikarten mit Verben.
Schreibe die Verben in der Ich-, Du-, Er-, Sie-, Es- und Wir-Form auf.

ausräumen

ich räume aus
du räumst aus
er/sie/es räumt aus
wir räumen aus

1 Kreise in jeder Sprechblase die Endung -t ein.

2 Schreibe die Verben richtig in die Lücken. Umkreise die Endung -t rot.

Die Mutter sagt:

Ihr backt (backen) den Kuchen .

Ihr ______________ (würzen) die Suppe .

Ihr ______________ (waschen) die Tomaten .

Ihr ______________ (schälen) die Kartoffeln 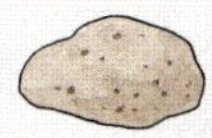.

Ihr ______________ (abräumen) den Tisch ________ 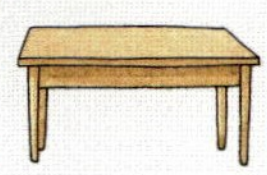.

Ihr ______________ (abtrocknen) das Geschirr ________ .

Ihr ______________ (umrühren) die Suppe ________ .

Ihr ______________ (ausräumen) die Spülmaschine ________ .

3 Schreibe auf deine Karteikarten mit Verben auch die Ihr-Form.

Die Lebensmittel

1 Lies die Wörter.

das Brot

die Butter

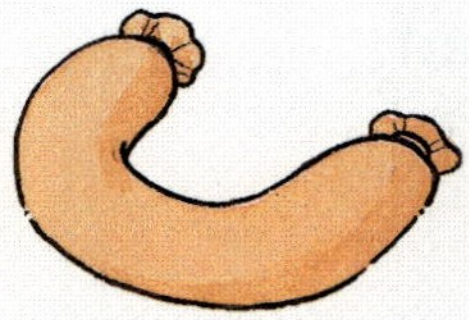

die Wurst

der Käse

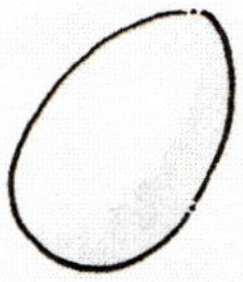

das Ei

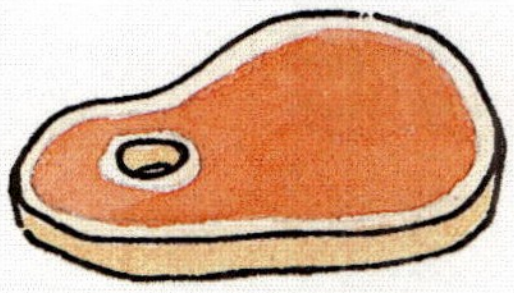

das Fleisch

der Fisch

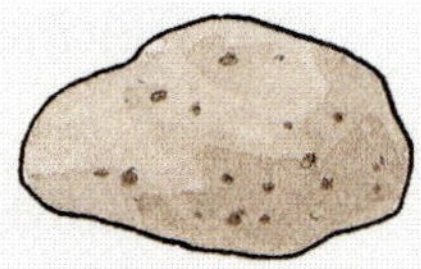

die Kartoffel

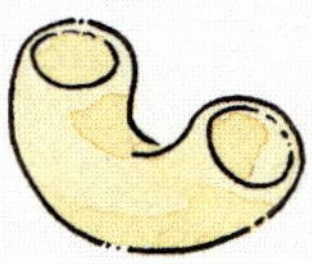

die Nudel

der Salat

die Tomate

der Apfel

die Banane

die Marmelade

die Milch

der Saft

2 Schreibe die Wörter mit Artikel [?] geordnet auf.

das Brot

(3) Verbinde die Wörter in der Mehrzahl mit dem richtigen Bild. Drei Wörter bleiben übrig. Sie haben keine Mehrzahlform. Schreibe sie auf:

______________ ______________ ______________

die Marmeladen | die Tomaten

die Fische
die Säfte
die Salate
die Milch
die Äpfel
die Käse

das Fleisch
die Würste
die Eier
die Nudeln
die Butter
die Brote

die Bananen | die Kartoffeln

(4) Schreibe die Lebensmittel in Einzahl [?] und Mehrzahl [?] auf Karteikarten. Markiere die Veränderungen.

das Ei
die Eier

(5) Schreibe zu jedem Wort ein Lebensmittel, das sich reimt.

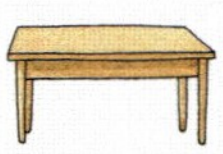 Tisch – Fisch

 Kraft – ______________

 Pudel – ______________

 Futter – ______________

 zwei – ______________

 Boot – ______________

 ☺ 😐 ☹

1 Was magst du? Antworte in ganzen Sätzen.

Magst du gern Salat? Ich mag ____________________

Magst du Marmelade? ____________________

Magst du gern Käse? ____________________

Magst du Kartoffeln? ____________________

1 Zeichne bei den Wörtern Silbenbögen ein. Markiere die Vokale gelb.

riechen Kleid auf Finger Bett sauer spülen

Badezimmer winken Augenbrauen Arm duschen

Schreibtisch süß Unterhose Balkon Lippen Teller

→ Seite 16

2 Setze bei jedem Satz einen Punkt oder ein Fragezeichen.

Ich esse gerne Tomaten _

Wie alt bist du _

Ist das ein Teddybär _

Wo wohnst du _

Der Stuhl ist braun _

Mert geht ins Kinderzimmer _

→ Seite 7

3 Setze richtig ein: e oder i?

der Z_h das B_tt die M_lch der F_nger der H_rd der F_sch

Setze richtig ein: o oder u?

der T_pf das _hr die P_ppe der Sch_h der P_ die Z_nge

→ Seite 13

4 Welche Präpositionen passt?

_______________ _______________ _______________ _______________

→ Seite 26, 27

5 Kreise die Nomen gelb, die Verben orange und die Adjektive lila ein.

lang Toilette backen klein Käse Salat spülen sauer

Schublade Ei duschen parken kalt lesen Schrank

→ Seite 33

6 **Setze richtig ein: mein oder meine?**

Das ist ______________ Bett. Das ist ______________ Pullover.

Das ist ______________ Tasse. Das ist ______________ Apfel.

Das ist ______________ Glas. Das ist ______________ Mütze.

→ Seite 23, 24

7 **Kreise bei den Verben die Vorsilben und Endungen ein.**

schüttelst umrühren fühlt winke abtrocknen schmeckt

kochst ausräumen badet spiele fernsehen

→ Seiten 10, 11, 18, 19, 40, 41

8 **Schreibe passende Adjektive in die Lücken.**

Das Eis ist __________. Die __________ Tasse steht auf dem Tisch.

Der Pullover ist __________. Das __________ Lineal gehört Mira.

→ Seiten 32, 33, 34

9 **Vervollständige die Tabelle.**

Grundform	hören				
Ich-Form				ich schlafe	
Du-Form		du kochst			
Er-Form					er sieht
Sie-Form					
Es-Form					
Wir-Form			wir schälen		
Ihr-Form					

→ Seiten 10, 11, 18, 19, 40, 41

Wichtige Begriffe

Hier findest du wichtige Begriffe aus diesem Heft.

- **Das ABC/Alphabet** A B C D E F G H I J K L M N O P Q R S T U V W X Y Z
- **Buchstaben** Was ich schreibe und lese sind Buchstaben.
- **Laute** Was ich höre und spreche sind Laute.
- **Vokale** A/a E/e I/i O/o U/u
  - **– Umlaute** Ä/ä Ö/ö Ü/ü
  - **– Zwielaute** Au/au Ei/ei Eu/eu Äu/äu Ai/ai
- **Silben** Wörter kann ich in Silben gliedern: Ba na ne Kleid du schen
- **bestimmte Artikel** der/die/das
- **unbestimmte Artikel** ein/eine/ein
- **Nomen** Der erste Buchstabe wird großgeschrieben. Nomen haben einen Artikel. Nomen gibt es in der Einzahl und Mehrzahl.
- **Einzahl – Mehrzahl** der Tisch – die Tische, das Haus – die Häuser, der Pullover – die Pullover
  Der Artikel in der Mehrzahl ist immer **die**.
- **Verben** Verben enden in der Grundform meist mit -en, manchmal mit -ern oder -eln.
  Verben gebrauchen wir in unterschiedlichen Formen.
  Dabei ändert sich die Endung.
  → ich koch**e**, du koch**st**, er/sie/es koch**t**, wir koch**en**, ihr koch**t**
  Achtung: Es gibt auch unregelmäßige Verben.
  → ich ess**e**, du **isst**, er/sie/es **isst**, wir ess**en**, ihr esst
  Es gibt Verben mit Vorsilben: **ab**räumen, **fern**sehen
- **Adjektive** Adjektive sagen dir, wie etwas ist.
  → Wie ist der Ball? – rund
  Adjektive haben häufig ein Gegenteil: heiß – kalt, groß – klein
- **Präpositionen** Präpositionen sagen dir, wo etwas ist.
  → Wo ist der Ball? – **unter** dem Tisch, **hinter** dem Schrank, **auf** dem Stuhl
- **Aussagesatz** Ein Aussagesatz hat am Ende einen Punkt: Die Tomate ist rot**.**
- **Fragesatz** Ein Fragesatz endet mit einem Fragezeichen: Wo wohnst du**?**